© 2002 Michael Neugebauer Verlag
Verlagsgruppe Nord-Süd Verlag AG,
Gossau Zürich und Hamburg
Alle Rechte, auch die der auszugsweisen Vervielfältigung,
gleich durch welche Medien, vorbehalten.
Lithografie: Fuchs Repro, Laufen, Deutschland
Gesetzt wurde in der Laudatio von Friedrich Poppl
Druck: Grafiche AZ, San Martino Buon Albergo, Italien
ISBN 3-85195-715-6

Die Deutsche Bibliothek – CIP-Einheitsaufnahme
Wer geht in den Kindergarten? / Karl Rühmann. Ill. von Miriam Monnier. -
Gossau, Zürich ; Hamburg : Neugebauer, 2002
ISBN 3-85195-715-6

*Folgende Bücher wurden von Miriam Monnier illustriert und sind im
Michael Neugebauer Verlag erschienen:*
ICH BIN ICH · Miriam Monnier
DAS GELBE DING · Linard Bardill

*Folgendes Buch wurde von Karl Rühmann geschrieben und ist im
Michael Neugebauer Verlag erschienen:*
ABER ICH WILL… · gemalt von John A. Rowe

MICHAEL NEUGEBAUER VERLAG

Karl Rühmann

WER GEHT IN DEN KINDER- GARTEN?

gemalt von Miriam Monnier

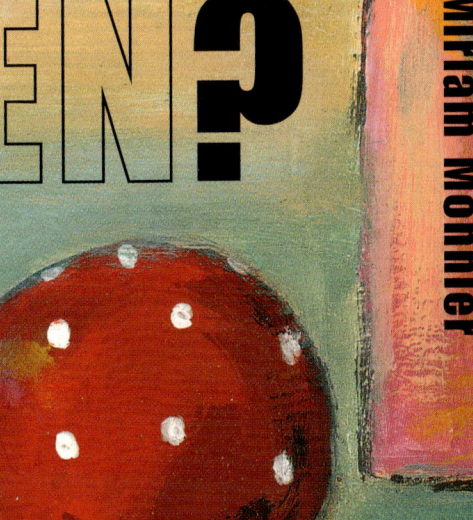

„Guten Morgen, Tim! Komm, aufstehen!"
Tim seufzt und kuschelt sich noch tiefer ins Kissen.
„Komm, Tim, du musst doch in den Kindergarten."
„Kindergarten!? Oh nein, ich will nicht! Ich will weiterschlafen!", stöhnt Tim.
Und später will ich im Bett Bilderbücher angucken. Oder vielleicht fernsehen, denkt er.

Tim macht die Augen auf.
Neben ihm liegt Tonto, sein großer Kuschelaffe.
„Jeden Tag soll ich in diesen stinkestinklangweiligen
Kindergarten!", mault Tim leise. „Möchtest du das vielleicht?"
Tonto nickt begeistert.
„WAS!? Wirklich? Na, dann geh DU doch für mich hin,
und ICH bleibe für dich zu Hause! Hee, das wäre toll!"

Mama ist in der Küche und macht das Frühstück.
Auf dem Stuhl liegen Tims Kleider bereit.
„Los, Tonto. Wir müssen das ganz schlau machen,
damit keiner etwas merkt."
Er zieht Tonto seine Jeans und das T-Shirt an.
„Du siehst wirklich aus wie ich!", sagt Tim
bewundernd. Tonto freut sich.
„Oh, aber deine Ohren sind viel zu groß.
Und deine Füße auch. Das würde Mama
sofort bemerken..."

Tim setzt Tonto eine Baseballmütze auf und
hilft ihm die Socken anzuziehen.
„Echt cool!", meint Tim begeistert.
„Und jetzt sage ich dir alles, was du tun musst, Tonto,
damit jeder glaubt, dass du Tim bist. Zuerst gehst du raus
zum Frühstück. Ich esse meistens ein Brötchen und
einen Apfel. Dazu trinke ich eine große Tasse Kakao.
Und was isst du am Morgen?"
Tonto senkt betrübt den Kopf.
„Nichts!? Oje. Dabei hätte ich Hunger auf drei Brötchen.
Aber da kann man nichts machen..."

„Bevor Mama ins Büro fährt, bringt sie dich in den Kindergarten", erzählt Tim weiter.
„Du musst sie ganz fest umarmen und ihr einen Schmatz auf die Nase geben. Vergiss das bloß nicht! Und du musst ihr sagen, dass sie dich bald wieder abholen darf. Sonst hat sie den ganzen Tag Sehnsucht, verstehst du?"
Tonto nickt ernsthaft. Aber er macht ein ängstliches Gesicht dabei.
„Hast du Angst, wenn Mama dich dann alleine dort lässt?", fragt Tim.
Tonto nickt.
„Das brauchst du nicht", tröstet Tim. „Es wird dir im Kindergarten gefallen. Die meisten Kinder sind nett und die Kindergärtnerin ist auch ganz okay.
Sie heißt Tanja. Kannst du das behalten?"
Natürlich, meint Tonlo.

„Bestimmt sind Clemens und Hanna schon da", erklärt Tim. „Das sind meine besten Freunde. Spiel einfach das, was die beiden auch spielen. Wir haben immer Spaß zusammen. Vielleicht könnt ihr die große Stadt aus Bausteinen fertig bauen, die wir gestern begonnen haben. Oder etwas anderes. Im Kindergarten kann man ganz viele verschiedene Sachen machen. Du wirst staunen!"
Tonto freut sich schon darauf.
„Was spielst du denn immer, während ich weg bin?", fragt Tim.
Aber Tonto sitzt bloß auf dem Bett und wartet, bis Tim wieder heimkommt. Tim stöhnt leise: „Na ja..."

„Später wird Tanja etwas mit euch zusammen machen",
sagt Tim. „Ein Bilderbuch vorlesen, Rätsel raten, ein
Märchen spielen oder sonst was. Ihr fällt jeden Tag etwas
Neues ein, es ist NIE langweilig bei ihr. Und wenn ihr ein
Lied singt, das du noch nicht kennst, dann ist das gar
nicht schlimm.
Tanja freut sich, wenn du einfach ein bisschen mitmachst.
Aber vielleicht geht ihr heute sogar in den Turnsaal.
Das mag ich am liebsten", meint Tim sehnsüchtig.
Tonto ist begeistert und hüpft schon vor Ungeduld.

„Und irgendwann gibt es dann Essen", erzählt Tim weiter. „Vergiss meine Kindergarten-Tasche mit dem Pausenbrot nicht, Tonto! Mama packt mir immer so feine Sachen ein."
Tonto reibt sich voller Vorfreude den Bauch.
„Was isst du denn immer in der Pause?", fragt Tim seinen Freund. „Was!? Nichts? Das hatte ich mir fast schon gedacht...", seufzt Tim.

„Manchmal spielen wir auch draußen", erzählt Tim weiter.
„Das mag ich auch so gerne. Es gibt einen großen Spielplatz neben dem Kindergarten. Da kann man klettern und rutschen und rumrennen und Spaß haben. Und hin und wieder machen wir mit Tanja auch einen kleinen Ausflug."
Klettern und rutschen und rumrennen kann Tonto sehr gut.
Das wird bestimmt schön und lustig.
Zu schade, dass Tim nicht dabei sein kann!

„Und dann kommt Mama und holt dich wieder ab", sagt Tim. „Vergiss den Schmatz auf die Nase nicht! Und bevor wir heimfahren, muss Mama meistens noch einkaufen. Dabei helfe ich ihr immer. Kannst du einen großen Einkaufswagen lenken und die richtige Sorte Milch holen und so?"
Tonto hofft, dass er das schafft.
„Manchmal kauft mir Mama dann noch Kaugummi. Und hin und wieder essen wir sogar ein Eis zusammen."
Tonto freut sich. Er hat noch nie Kaugummi oder Eis gekostet.
Tim kann natürlich nicht mitessen.

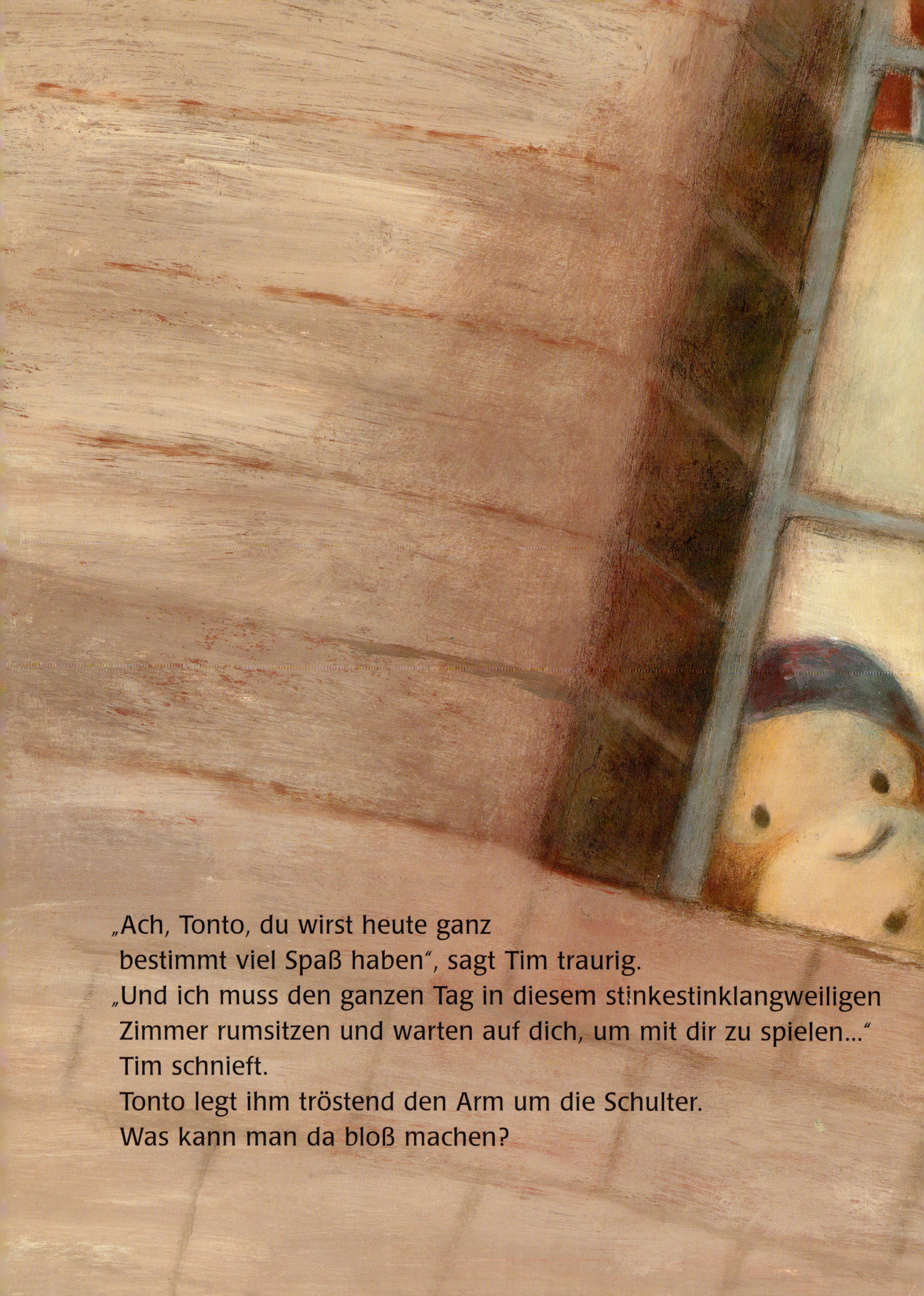

„Ach, Tonto, du wirst heute ganz
bestimmt viel Spaß haben", sagt Tim traurig.
„Und ich muss den ganzen Tag in diesem stinkestinklangweiligen
Zimmer rumsitzen und warten auf dich, um mit dir zu spielen..."
Tim schnieft.
Tonto legt ihm tröstend den Arm um die Schulter.
Was kann man da bloß machen?

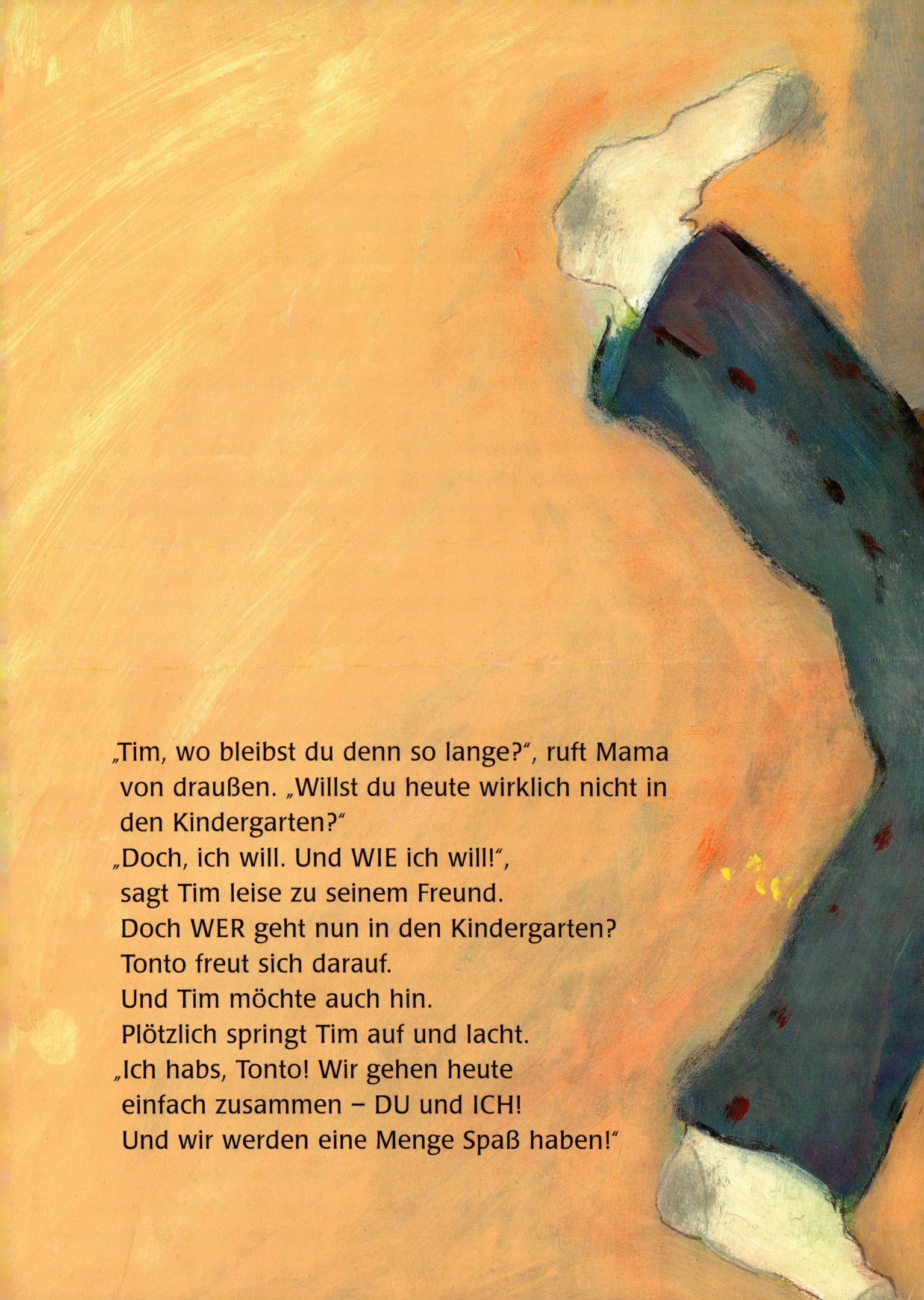

„Tim, wo bleibst du denn so lange?", ruft Mama
von draußen. „Willst du heute wirklich nicht in
den Kindergarten?"
„Doch, ich will. Und WIE ich will!",
sagt Tim leise zu seinem Freund.
Doch WER geht nun in den Kindergarten?
Tonto freut sich darauf.
Und Tim möchte auch hin.
Plötzlich springt Tim auf und lacht.
„Ich habs, Tonto! Wir gehen heute
einfach zusammen – DU und ICH!
Und wir werden eine Menge Spaß haben!"